Waa Maxay Waxa Ka Weyn Wax Kasta?

(Xad-la'aan)

Daabacaadda 3aad

Waxaa qoray David E. McAdams

Xuquuqda daabacaadda © 2025 Life is a Story Problem LLC. Dhammaan xuquuqdu way xafidan tahay. Qayb kamid ah shaqadan looma koobiyeyn karo, looma kaydin karo, looguna gudbin karo hab kasta iyada oo aan oggolaansho qoran laga helin hay'adda leh xuquuqda daabacaadda.

Buugaag kale oo uu qoray David E. McAdams

Midabada ee Baqbaqaaq - Hordhac fikradda midabada. Kuwa aan gaarin dugsiga barbaarinta.

Midabada ubaxyada - Hordhac fikradda midabada. Kuwa aan gaarin dugsiga barbaarinta.

Midabada Cosmos-ka - Hordhac fikradda midabada. Kuwa aan gaarin dugsiga barbaarinta.

Midabada Boqortooyada - Amiirro iyo amiirado ayaa baraya magacyada midabada.

Qaababka - Hordhac qaababka. Kuwa aan gaarin dugsiga barbaarinta.

Buugga Midabaynta Nambarada Gawaarida Dheereeya - Baro tirooyinka adigoo midabaynaya gawaarida dheereeya. Da'da 4 ilaa 7 jir.

Buugga Lambarrada Masduulaaga - Masduulaayo qurux badan ayaa baraya lambarrada 0 ilaa 10. Da'da 4 ilaa 7 jir.

Tirooyinka - Hordhac fikradda tirooyinka. Fasalada K-2.

Waa Maxay Waxa Ka Weyn Wax Kasta? (Xad-la'aan) - Hordhac fikradda aan dhammaadka lahayn. Fasalada 1-3.

Isticmaalka lacagta ciyaarta si aad u barato nambarada - Bar tiro badan oo ku xisaabta in ka badan $1,000,000 oo lacagta ciyaarta ah.

Jajabka aan Jeclahay (mujarooyinka 1, 2) - Buugaag sawir leh oo jajabyo yaab leh ayaa loo soo bandhigay sidii sawiro xalin sare leh. Da' walba.

All Math Words Dictionary (Ingiriisi) - Qaamuuska xisaabta ee ardayda aljabrada ka hor, aljabra, joomatari, iyo xisaabinta ka hor.

Hal milyan oo tirada ugu horreysa ee Pi (π) - Milyanka lambar ee ugu horreeya ee pi. Da' walba.

Hal milyan oo tirada ugu horreysa ee Lambarka Euler (e) - Milyanka lambar ee ugu horreeya Euler-ka joogtada ah e. Da' walba.

Hal milyan oo tirada ugu horreysa ee xididka laba ($\sqrt{2}$) (Ingiriisi) - Milyanka lambar ee ugu horreeya ee xidid laba jibaaran 2. Da' kasta.

Boqol kun ee tirada asal ah ee ugu horreysa (Ingiriisi) - Boqolka kun ee tirada ugu horreeya. Da' walba.

Geometric Nets Project Book (Ingiriisi) - 80 shabaqyada joometeriga ah si loo koobiyo, gooyo, oo la wada duubo loona wada duubo 3 cabbir oo polyhedra ah. Da'da 9 iyo ka weyn.

Geometric Nets Mega Project Book (Ingiriisi) - 253 shabagyada joomatari si loo koobiyo, gooyo, oo loo wada duubo 3 cabbir oo polyhedra ah. Da'da 9 iyo ka weyn.

Si aad u hesho liis cusub, eeg https://www.DEMcAdams.com.

Intee le'eg baa weyn?

Adigu ma weyntahay?

Adigu ma weyntahay marka lagu barbardhigo jiir?

Adigu ma weyntahay marka lagu barbardhigo maroodi?

Yaa weyn, adiga mise aabbahaa?

Kee baa weyn, hooyadaa mise guri?

Kee baa weyn, guri mise magaalo?

Kee baa weyn, magaalo mise adduunka?

Kee baa weyn, adduunka mise nidaamka qoraxda?

Kee baa weyn, nidaamka qoraxda mise galaxy?

Waa maxay waxa ka weyn wax kasta?

Xad-la'aan micnaheedu waa ka weyn wax kasta.

Ma tirin kartaa ilaa 5?

Ma tirin kartaa hal tiro oo ka badan shan? Lix waa hal ka badan shan.

Ma tirin kartaa hal tiro oo ka badan lix? Hal ka badan lix waa toddoba.

Had iyo jeer waad tirin kartaa 1 ka badan tiro kasta.

Archimedes wuxuu yiri, "Had iyo jeer waxaa jira tiro kale."

Tiro dhammaanaysa ma jirto, sababtoo ah had iyo jeer waxaa jira tiro kale.

Maaddaama aysan jirin tiro ugu dambeysa, tirooyinku waa xad-la'aan.

Xad-la'aan micnaheedu waa wax ka badan tiro kasta oo aad malayn karto.

Ma malayn kartaa qoolley badan oo daboolaya dhulka oo dhan? Xad-la'aan waa ka badan taas.

Ma malayn kartaa inta xiddig ee ku jirta boqol bilyan oo galaxy? Xad-la'aan waa ka badan taas.

Xad-la'aan micnaheedu waa wax ka badan tiro kasta.

Hawl-gacmeed: Intee le'eg baa xad-la'aan?

1. Qaado warqad iyo qalin. Bilow qorista calaamadaha tirooyinka (0–9) warqadda.
2. Imisa calaamadood oo tiro ah ayaad ku qori kartaa hal warqad?
3. Calaamad kasta oo aad qorto waxay tirada ka dhigaysaa mid ka weyn. Haddii aad calaamado tiro ah ku qorto warqad maalintii oo dhan, ma noqon lahayd xad-la'aan?
4. Maya. Xitaa haddii aad qorto malaayiin calaamadood, weligeed ma noqonayso xad-la'aan.

Ereyada La Baranayo

Weyn – wax weyn marka la barbar dhigo cabbirka caadiga ah

Ka weyn – wax ka weyn wax kale

Xad-la'aan – wax ka weyn wax kasta oo la malayn karo; wax aan lahayn dhammaad

Xad-la'aanta – fikradda ah in wax aysan lahayn dhammaad

www.ingramcontent.com/pod-product-compliance
Lightning Source LLC
Chambersburg PA
CBHW050048080526
44586CB00014B/1514